¡Encuentra las diferencias!

Colas

Diyan Leake

Heinemann Library
Chicago, Illinois

Customer Service 888-454-2279
Visit our website at www.heinemannraintree.com

Designed by Joanna Hinton-Malivoire
Printed and bound in China by South China Printing Co. Ltd.
Translation into Spanish produced by DoubleO Publishing Services

12 11 10 09 08
10 9 8 7 6 5 4 3 2 1

ISBN-13: 978-1-4329-0546-0 (hc)
ISBN-13: 978-1-4329-0552-1 (pb)

The Library of Congress has cataloged the first edition of this book as follows:

Leake, Diyan.
  [Tails. Spanish]
  Colas / Diyan Leake.
     p. cm. -- (Encuentra las diferencias!)
  Includes index.
  ISBN 1-4329-0546-5 (hb - library binding) -- ISBN 1-4329-0552-X (pb)
  1. Tail--Juvenile literature. I. Title.
  QL950.6.L4318 2008
  573.9'98331--dc22

                         2007026589

Acknowledgements
The author and publishers are grateful to the following for permission to reproduce photographs: FLPA Norbert Wu/Minden Pictures p **5**; Getty Images/The Image Bank/Frans Lemmens p. **15**, **back cover**; Getty Images/Photographers Choice p. **17**; Jupiter Images/Premium Stock pp. **9**, **23** bottom; Nature Picture Library pp. **4** (David Pike), **6** (Michael Pitts), **8** (Anup Shah), **10** (Terry Andrewartha), **14** (Luiz Claudio Marigo), **16** (Michael W. Richards), **22** (Terry Andrewartha), **23** middle (Terry Andrewartha); Nature Picture Library/Premaphotos p. **19**; Nature Picture Library/Reinhard/ARCO p. **11**; NHPA/Nigel J. Dennis p. **12**; Photolibrary/Animals Animals/Earth Scenes pp. **18**, **23** bottom; Photolibrary/Picture Press p. **13**; Photolibrary/Konrad Wothe pp. **7**, **22**, **23** top; Punchstock p. **20**; Punchstock/Stock Connection p. **21**.

Cover photograph of a cheetah reproduced with permission of Nature Picture Library (Anup Shah).

Every effort has been made to contact copyright holders of any material reproduced in this book. Any omissions will be rectified in subsequent printings if notice is given to the publishers.

Contenido

¿Qué es una cola?

Muchos animales tienen cola.

La cola es parte de su cuerpo.

¿Por qué tienen cola los animales?

Los animales usan la cola para moverse.

Los animales usan la cola para mantener el equilibrio.

Colas diferentes

Hay colas de muchas formas y tamaños.

Esto es un cerdo.

Su cola es rizada.

Esto es una ardilla.

Su cola es muy peluda.

Esto es una rata.

Su cola es lisa.

Esto es un lémur.

Su cola tiene rayas.

Esto es un leopardo.

Su cola tiene manchas.

Colas increíbles

mono araña

Esto es un mono.

Se puede sujetar con su cola.

Esto es un escorpión.

Puede picar con su cola.

cascabel

Esto es una serpiente.

Hace ruido con la cola.

Esto es un pavo real.

Usa la cola para lucirse.

Esto es un ciervo.

Usa la cola para advertir.

Esto es un lagarto.

La cola se le puede desprender.

¿Tienen colas las personas?

Las personas no tienen cola.

Las personas tienen piernas y brazos.

Las personas usan los brazos para mantener el equilibrio. Las personas son como otros animales.

¡Encuentra las diferencias!

¿Qué animal tiene una cola muy peluda? ¿Qué animal usa la cola para mantener el equilibrio?

Glosario ilustrado

equilibrio mantenerse firme y no caerse

peludo cubierto de pelo espeso y voluminoso

rizado enroscado

advertir anunciar a otros que hay peligro antes de que suceda

Índice

Notas a padres y maestros

Antes de leer

Hable a los niños de los animales con cola. ¿Por qué piensan que los animales tienen cola? ¿Qué significa que un perro mueva la cola?

Después de leer

- Cante la canción: El conejo no tiene cola, no tiene cola, no tiene cola. El conejo no tiene cola ninguna, ¡lo que tiene es un pompón!
- Dibuje la silueta de un burro en una hoja de papel grande. Haga una trenza de lana a modo de cola. Ponga *Fun-Tack* en un extremo. Vende los ojos a un niño y pídale que dé una vuelta. Dé la cola al niño y pídale que le ponga la cola al burro. Luego, quítele la venda para que vea el resultado.
- Recorte dibujos de animales con cola. No se los muestre a los niños, sino pregúnteles con un acertijo, por ejemplo: Tengo una cola fuerte y gruesa que me ayuda a nadar. Tengo la boca grande y llena de dientes afilados. Vivo en los ríos de África. ¿Qué soy?